... **Votre Cinéma**

Carnet du 7ème Art

Lydia MONTIGNY

Carnet du 7ème Art

Mentions légales

© 2021 Lydia MONTIGNY

Édition : BoD – Books on Demand,
12/14 rond-point des Champs-Élysées, 75008 Paris
Impression : BoD - Books on Demand, Norderstedt, Allemagne

ISBN : 978-2-3223-8203-3
Dépôt légal : Août 2021

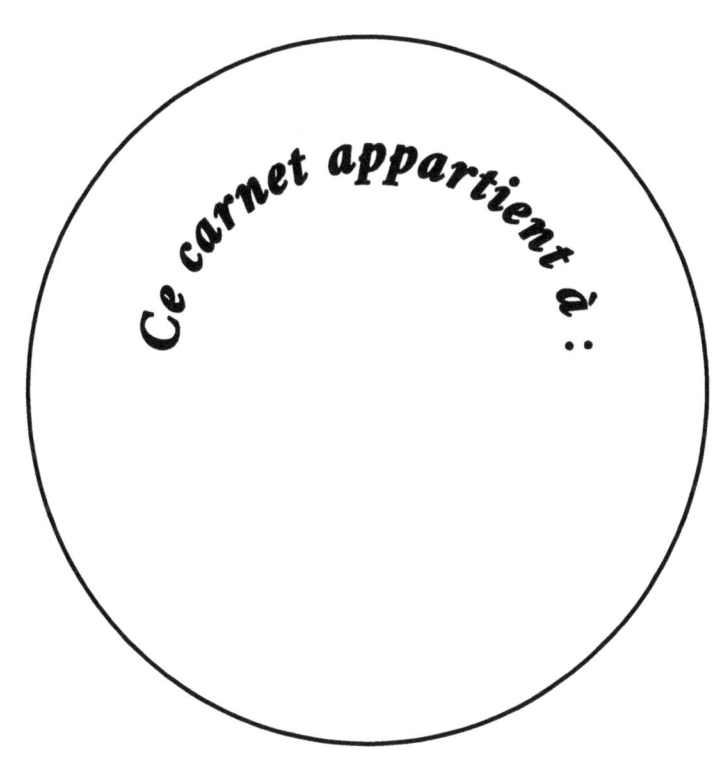

FILM : ....

Date : …… /……/…….   Nationalité :………………………….

Sorti le : ……/……/……. Durée : …………………………….

Genre :………………………………………………………………………

Réalisateur : ……………………………………………………………

Avec :...
....
....
....
....
....
....

Musique : …………………………………………………………….
Dialogues : ……………………………………………………………
Récompenses : ………………………………………………………
....

Histoire :
....
....
....
....

Note : ☆ ☆ ☆ ☆ ☆

Synopsis :
....
....
....
....
....
....
....
....
....

Les + :
....
....
....
....
....
....
....
....
....

Les - : ....
....
....
....
....
....
....
....

FILM : ....

Date : ...... /....../........   Nationalité :...............................

Sorti le : ....../....../....... Durée : ....

Genre : ....

Réalisateur : ....

Avec :..
....
....
....
....
....
....

Musique : ....
Dialogues : ....
Récompenses : ....
....

Histoire : ....
....
....
....

Note : ☆   ☆   ☆   ☆   ☆

Synopsis :
....
....
....
....
....
....
....
....
....

Les + : ....
....
....
....
....
....
....
....
....

Les - : ....
....
....
....
....
....
....
....

FILM : ………………………………………………………………………

Date : …… /……/…….. Nationalité :………………………….

Sorti le : ……/……/……. Durée : ……………………………..

Genre : ………………………………………………………………….

Réalisateur : ………………………………………………………..

Avec :……………………………………………………………………
………………………………………………………………………………
………………………………………………………………………………
………………………………………………………………………………
………………………………………………………………………………
………………………………………………………………………………
………………………………………………………………………………

Musique : ……………………………………………………………..
Dialogues : ……………………………………………………………
Récompenses : ……………………………………………………..
………………………………………………………………………………

Histoire : ………………………………………………………………
………………………………………………………………………………
………………………………………………………………………………
………………………………………………………………………………

Note : ☆   ☆   ☆   ☆   ☆

Synopsis :

....
....
....
....
....
....
....
....
....

Les + : ....
....
....
....
....
....
....
....
....

Les - : ....
....
....
....
....
....
....
....

FILM : ………………………………………………………………

Date : …… /……/…….   Nationalité :……………………………….

Sorti le : ……/……/……. Durée : ……………………………………..

Genre : ………………………………………………………………………

Réalisateur : ………………………………………………………………

Avec :…………………………………………………………………………
………………………………………………………………………………………
………………………………………………………………………………………
………………………………………………………………………………………
………………………………………………………………………………………
………………………………………………………………………………………
………………………………………………………………………………………

Musique : ……………………………………………………………………
Dialogues : …………………………………………………………………
Récompenses : ……………………………………………………………
………………………………………………………………………………………

Histoire : ……………………………………………………………………
………………………………………………………………………………………
………………………………………………………………………………………
………………………………………………………………………………………

Note : ☆   ☆   ☆   ☆   ☆

Synopsis :

....
....
....
....
....
....
....
....
....

Les + : ....
....
....
....
....
....
....
....
....

Les - : ....
....
....
....
....
....
....
....

FILM : ………………………………………………………………

Date : …… /……/…….. Nationalité :……………………………

Sorti le : ……/……/……. Durée : …………………………………..

Genre : ………………………………………………………………

Réalisateur : ………………………………………………………..

Avec :…………………………………………………………………
………………………………………………………………………………
………………………………………………………………………………
………………………………………………………………………………
………………………………………………………………………………
………………………………………………………………………………
………………………………………………………………………………

Musique : …………………………………………………………..
Dialogues : ………………………………………………………..
Récompenses : …………………………………………………..
………………………………………………………………………………

Histoire : ……………………………………………………………
………………………………………………………………………………
………………………………………………………………………………
………………………………………………………………………………

Note : ☆ ☆ ☆ ☆ ☆

Synopsis :

....
....
....
....
....
....
....
....
....

Les + : ....
....
....
....
....
....
....
....
....

Les - : ....
....
....
....
....
....
....
....

FILM : ....

Date : ...... /....../........ Nationalité :..............................

Sorti le : ....../....../....... Durée : ....

Genre : ....

Réalisateur : ....

Avec :..
....
....
....
....
....
....

Musique : ....
Dialogues : ....
Récompenses : ....
....

Histoire : ....
....
....
....

Note : ☆   ☆   ☆   ☆   ☆

Synopsis :
....
....
....
....
....
....
....
....
....

Les + : ....
....
....
....
....
....
....
....
....

Les - : ....
....
....
....
....
....
....
....

FILM : ……………………………………………………………………

Date : …… /……/…….. Nationalité :…………………………….

Sorti le : ……/……/……. Durée : ……………………………….

Genre : ……………………………………………………………………

Réalisateur : …………………………………………………………

Avec :……………………………………………………………………
……………………………………………………………………………
……………………………………………………………………………
……………………………………………………………………………
……………………………………………………………………………
……………………………………………………………………………
……………………………………………………………………………

Musique : …………………………………………………………….
Dialogues : ……………………………………………………………
Récompenses : ………………………………………………………
……………………………………………………………………………

Histoire : ………………………………………………………………
……………………………………………………………………………
……………………………………………………………………………
……………………………………………………………………………

Note : ☆ ☆ ☆ ☆ ☆

Synopsis :

....
....
....
....
....
....
....
....
....

Les + : ....
....
....
....
....
....
....
....
....

Les - : ....
....
....
....
....
....
....
....

FILM : ....

Date : …… /……/…….. Nationalité :................................

Sorti le : ...../……/……. Durée : ....

Genre : ....

Réalisateur : ....

Avec :...
....
....
....
....
....
....

Musique : ....
Dialogues : ....
Récompenses : ....
....

Histoire : ....
....
....
....

Note : ☆ ☆ ☆ ☆ ☆

Synopsis :
....
....
....
....
....
....
....
....
....

Les + : ....
....
....
....
....
....
....
....
....

Les - : ....
....
....
....
....
....
....
....

FILM : ....

Date : …… /……/……..   Nationalité :................................

Sorti le : ……/……/…….   Durée : ....

Genre : ....

Réalisateur : ....

Avec :..
....
....
....
....
....
....

Musique : ....
Dialogues : ....
Récompenses : ....
....

Histoire : ....
....
....
....

Note : ☆   ☆   ☆   ☆   ☆

Synopsis :
....
....
....
....
....
....
....
....
....

Les + : ....
....
....
....
....
....
....
....
....

Les - : ....
....
....
....
....
....
....
....

FILM : ……………………………………………………………………

Date : …… /……/…….… Nationalité :……………………………

Sorti le : ……/……/……. Durée : ………………………………..

Genre : …………………………………………………………………

Réalisateur : …………………………………………………………

Avec :……………………………………………………………………
……………………………………………………………………………
……………………………………………………………………………
……………………………………………………………………………
……………………………………………………………………………
……………………………………………………………………………
……………………………………………………………………………

Musique : ……………………………………………………………..
Dialogues : ……………………………………………………………
Récompenses : ……………………………………………………...
……………………………………………………………………………

Histoire : ………………………………………………………………
……………………………………………………………………………
……………………………………………………………………………
……………………………………………………………………………

Note : ☆ ☆ ☆ ☆ ☆

Synopsis :
....
....
....
....
....
....
....
....
....

Les + : ....
....
....
....
....
....
....
....
....

Les - : ....
....
....
....
....
....
....
....

FILM : ………………………………………………………………………

Date : …… /……/…….   Nationalité :………………………………..

Sorti le : ……. /……/……. Durée : …………………………………..

Genre : ……………………………………………………………………….

Réalisateur : ……………………………………………………………….

Avec :…………………………………………………………………………
…………………………………………………………………………………
…………………………………………………………………………………
…………………………………………………………………………………
…………………………………………………………………………………
…………………………………………………………………………………
…………………………………………………………………………………

Musique : ……………………………………………………………….
Dialogues : ……………………………………………………………..
Récompenses : ………………………………………………………..
…………………………………………………………………………………

Histoire : ……………………………………………………………………
…………………………………………………………………………………
…………………………………………………………………………………
…………………………………………………………………………………

Note : ☆　☆　☆　☆　☆

Synopsis :

....
....
....
....
....
....
....
....
....

Les + : ....
....
....
....
....
....
....
....
....

Les - : ....
....
....
....
....
....
....
....

FILM : ....

Date : …… /……/…….   Nationalité :………………………….

Sorti le : ……/……/…….   Durée : …………………………………..

Genre : ………………………………………………………………………

Réalisateur : ………………………………………………………………

Avec :………………………………………………………………………
....
....
....
....
....
....

Musique : …………………………………………………………………..
Dialogues : ………………………………………………………………..
Récompenses : …………………………………………………………..
....

Histoire : …………………………………………………………………
....
....
....

Note : ☆   ☆   ☆   ☆   ☆

Synopsis :
....
....
....
....
....
....
....
....
....

Les + : ....
....
....
....
....
....
....
....
....

Les - : ....
....
....
....
....
....
....
....

FILM : ………………………………………………………………

Date : …… /……/……… Nationalité :………………………………

Sorti le : ……/……/……. Durée : ………………………………………

Genre : ………………………………………………………………………

Réalisateur : ………………………………………………………………

Avec :…………………………………………………………………………
………………………………………………………………………………………
………………………………………………………………………………………
………………………………………………………………………………………
………………………………………………………………………………………
………………………………………………………………………………………
………………………………………………………………………………………

Musique : ……………………………………………………………………
Dialogues : …………………………………………………………………
Récompenses : ……………………………………………………………
………………………………………………………………………………………

Histoire : ……………………………………………………………………
………………………………………………………………………………………
………………………………………………………………………………………
………………………………………………………………………………………

Note : ☆ ☆ ☆ ☆ ☆

Synopsis :
....
....
....
....
....
....
....
....
....

Les + : ....
....
....
....
....
....
....
....
....

Les - : ....
....
....
....
....
....
....
....

FILM : ………………………………………………………………………

Date : …… /……/…….. Nationalité :……………………………..

Sorti le : ……./……/……. Durée : ………………………………….

Genre : ………………………………………………………………………

Réalisateur : ……………………………………………………………..

Avec :………………………………………………………………………..
……………………………………………………………………………………
……………………………………………………………………………………
……………………………………………………………………………………
……………………………………………………………………………………
……………………………………………………………………………………
……………………………………………………………………………………

Musique : ……………………………………………………………………..
Dialogues : ……………………………………………………………….
Récompenses : …………………………………………………………..
……………………………………………………………………………………

Histoire : ……………………………………………………………………
……………………………………………………………………………………
……………………………………………………………………………………
……………………………………………………………………………………

Note :   ☆   ☆   ☆   ☆   ☆

Synopsis :
....
....
....
....
....
....
....
....
....

Les + : ....
....
....
....
....
....
....
....
....

Les - : ....
....
....
....
....
....
....
....

FILM : ....

Date : …… /……/………   Nationalité :……………………………..

Sorti le : ……/……/………   Durée : ………………………………..

Genre : ....

Réalisateur : ....

Avec :..
....
....
....
....
....
....

Musique : ....
Dialogues : ....
Récompenses : ....
....

Histoire : ....
....
....
....

Note : ☆   ☆   ☆   ☆   ☆

Synopsis :
....
....
....
....
....
....
....
....
....

Les + : ....
....
....
....
....
....
....
....
....

Les - : ....
....
....
....
....
....
....
....

FILM : ....

Date : ....../....../........ Nationalité :................................

Sorti le : ....../....../........ Durée : ....

Genre : ....

Réalisateur : ....

Avec :...
....
....
....
....
....
....

Musique : ....
Dialogues : ....
Récompenses : ....
....

Histoire : ....
....
....
....

Note : ☆ ☆ ☆ ☆ ☆

Synopsis :
....
....
....
....
....
....
....
....
....

Les + : ....
....
....
....
....
....
....
....
....

Les - : ....
....
....
....
....
....
....
....

FILM : ....

Date : …… /……/……. Nationalité :..................................

Sorti le : …../……/……. Durée : ....

Genre : ....

Réalisateur : ....

Avec :..
....
....
....
....
....
....

Musique : ....
Dialogues : ....
Récompenses : ....
....

Histoire : ....
....
....
....

Note : ☆ ☆ ☆ ☆ ☆

Synopsis :

....
....
....
....
....
....
....
....
....

Les + : ....
....
....
....
....
....
....
....
....

Les - : ....
....
....
....
....
....
....
....

FILM : ……………………………………………………………………

Date : …… /……/…….   Nationalité :……………………………

Sorti le : ……/……/……. Durée : …………………………………..

Genre : ……………………………………………………………………

Réalisateur : …………………………………………………………..

Avec :……………………………………………………………………
………………………………………………………………………………
………………………………………………………………………………
………………………………………………………………………………
………………………………………………………………………………
………………………………………………………………………………
………………………………………………………………………………

Musique : ………………………………………………………………..
Dialogues : ……………………………………………………………..
Récompenses : ………………………………………………………..
………………………………………………………………………………

Histoire : ………………………………………………………………..
………………………………………………………………………………
………………………………………………………………………………
………………………………………………………………………………

Note : ☆   ☆   ☆   ☆   ☆

Synopsis :
....
....
....
....
....
....
....
....
....

Les + : ....
....
....
....
....
....
....
....
....

Les - : ....
....
....
....
....
....
....
....

FILM : ....

Date : ...... /....../........ Nationalité :..................................

Sorti le : ....../....../....... Durée : ....

Genre : ....

Réalisateur : ....

Avec :..
....
....
....
....
....
....

Musique : ....
Dialogues : ....
Récompenses : ....
....

Histoire : ....
....
....
....

Note : ☆ ☆ ☆ ☆ ☆

Synopsis :
....
....
....
....
....
....
....
....
....

Les + : ....
....
....
....
....
....
....
....
....

Les - : ....
....
....
....
....
....
....
....

FILM : ....

Date : …… /……/…….   Nationalité :…………………………..

Sorti le : …..../……/……. Durée : …………………………………..

Genre : ……………………………………………………………………

Réalisateur : ………………………………………………………….

Avec :………………………………………………………………………
....
....
....
....
....
....

Musique : …………………………………………………………………..
Dialogues : ………………………………………………………………
Récompenses : …………………………………………………………
....

Histoire : ……………………………………………………………………
....
....
....

Note : ☆   ☆   ☆   ☆   ☆

Synopsis :
....
....
....
....
....
....
....
....
....

Les + : ....
....
....
....
....
....
....
....
....

Les - : ....
....
....
....
....
....
....
....

FILM : ……………………………………………………………………

Date : …… /……/…….. Nationalité :……………………………

Sorti le : …../……/……. Durée : ……………………………….

Genre : …………………………………………………………………

Réalisateur : ………………………………………………………..

Avec :……………………………………………………………………
……………………………………………………………………………
……………………………………………………………………………
……………………………………………………………………………
……………………………………………………………………………
……………………………………………………………………………
……………………………………………………………………………

Musique : ……………………………………………………………..
Dialogues : ……………………………………………………………
Récompenses : ………………………………………………………
……………………………………………………………………………

Histoire : ………………………………………………………………
……………………………………………………………………………
……………………………………………………………………………
……………………………………………………………………………

Note : ☆ ☆ ☆ ☆ ☆

Synopsis :
....
....
....
....
....
....
....
....
....

Les + : ....
....
....
....
....
....
....
....
....

Les - : ....
....
....
....
....
....
....
....

FILM : ……………………………………………………………………..

Date : …… /……/……..   Nationalité :…………………………..

Sorti le : …..../……/…….   Durée : ……………………………….

Genre : …………………………………………………………………….

Réalisateur : ……………………………………………………………..

Avec :………………………………………………………………………
……………………………………………………………………………….
……………………………………………………………………………….
……………………………………………………………………………….
……………………………………………………………………………….
……………………………………………………………………………….
……………………………………………………………………………….

Musique : ………………………………………………………………..
Dialogues : ………………………………………………………………
Récompenses : ………………………………………………………..
……………………………………………………………………………….

Histoire : …………………………………………………………………
……………………………………………………………………………….
……………………………………………………………………………….
……………………………………………………………………………….

Note : ☆   ☆   ☆   ☆   ☆

Synopsis :
....
....
....
....
....
....
....
....
....

Les + : ....
....
....
....
....
....
....
....
....

Les - : ....
....
....
....
....
....
....
....

FILM : ....

Date : ...... /....../........ Nationalité :..............................

Sorti le : ...../....../....... Durée : ....

Genre : ....

Réalisateur : ....

Avec :..
....
....
....
....
....
....

Musique : ....
Dialogues : ....
Récompenses : ....
....

Histoire : ....
....
....
....

Note : ☆ ☆ ☆ ☆ ☆

Synopsis :
....
....
....
....
....
....
....
....
....

Les + : ....
....
....
....
....
....
....
....
....

Les - : ....
....
....
....
....
....
....
....
....

FILM : ....

Date : …… /……/……..   Nationalité :……………………………..

Sorti le : …..../……/…….   Durée : …………………………………..

Genre : ………………………………………………………………………

Réalisateur : ……………………………………………………………

Avec :………………………………………………………………………
……………………………………………………………………………………
……………………………………………………………………………………
……………………………………………………………………………………
……………………………………………………………………………………
……………………………………………………………………………………
……………………………………………………………………………………

Musique : …………………………………………………………………
Dialogues : ………………………………………………………………
Récompenses : …………………………………………………………
……………………………………………………………………………………

Histoire : …………………………………………………………………
……………………………………………………………………………………
……………………………………………………………………………………
……………………………………………………………………………………

Note : ☆   ☆   ☆   ☆   ☆

Synopsis :
....
....
....
....
....
....
....
....
....

Les + : ....
....
....
....
....
....
....
....
....

Les - : ....
....
....
....
....
....
....
....

FILM : ....

Date : …… /……/…….. Nationalité :...............................

Sorti le : ……/……/……. Durée : ....

Genre : ....

Réalisateur : ....

Avec :..
....
....
....
....
....
....

Musique : ....
Dialogues : ....
Récompenses : ....
....

Histoire : ....
....
....
....

Note : ☆   ☆   ☆   ☆   ☆

Synopsis :

....
....
....
....
....
....
....
....
....

Les + : ....
....
....
....
....
....
....
....
....

Les - : ....
....
....
....
....
....
....
....

FILM : ....

Date : ...... /....../........ Nationalité :...............................

Sorti le : ....../....../....... Durée : ....

Genre : ....

Réalisateur : ....

Avec :..
....
....
....
....
....
....

Musique : ....
Dialogues : ....
Récompenses : ....
....

Histoire : ....
....
....
....

Note : ☆ ☆ ☆ ☆ ☆

Synopsis :
....
....
....
....
....
....
....
....
....

Les + : ....
....
....
....
....
....
....
....
....

Les - : ....
....
....
....
....
....
....
....
....

FILM : ....

Date : ...... /....../........ Nationalité :...............................

Sorti le : ....../....../....... Durée : ....

Genre : ....

Réalisateur : ....

Avec :..
....
....
....
....
....
....

Musique : ....
Dialogues : ....
Récompenses : ....
....

Histoire : ....
....
....
....

Note : ☆　☆　☆　☆　☆

Synopsis :
....
....
....
....
....
....
....
....
....

Les + : ....
....
....
....
....
....
....
....
....

Les - : ....
....
....
....
....
....
....
....

FILM : ....

Date : …… /……/……..   Nationalité :………………………….

Sorti le : ……/……/…….   Durée : ……………………………..

Genre : ……………………………………………………………………

Réalisateur : ....

Avec :..
....
....
....
....
....
....

Musique : ....
Dialogues : ....
Récompenses : ....
....

Histoire : ....
....
....
....

Note : ☆ ☆ ☆ ☆ ☆

Synopsis :
....
....
....
....
....
....
....
....
....

Les + : ....
....
....
....
....
....
....
....
....

Les - : ....
....
....
....
....
....
....
....

FILM : ....

Date : …… /……/…….. Nationalité :…………………………..

Sorti le : ……/……/……. Durée : ……………………………………

Genre : ………………………………………………………………………….

Réalisateur : ……………………………………………………………….

Avec :……………………………………………………………………………
……………………………………………………………………………………
……………………………………………………………………………………
……………………………………………………………………………………
……………………………………………………………………………………
……………………………………………………………………………………
……………………………………………………………………………………

Musique : ……………………………………………………………..
Dialogues : ……………………………………………………………..
Récompenses : ………………………………………………………
………………………………………………………………………………….

Histoire : ………………………………………………………………..
………………………………………………………………………………….
………………………………………………………………………………….
………………………………………………………………………………….

Note : ☆   ☆   ☆   ☆   ☆

Synopsis :
....
....
....
....
....
....
....
....
....

Les + : ....
....
....
....
....
....
....
....
....

Les - : ....
....
....
....
....
....
....
....

FILM : ………………………………………………………………………

Date : …… /……/……… Nationalité :……………………………….

Sorti le : ……./……/……. Durée : ……………………………………….

Genre : ………………………………………………………………………

Réalisateur : …………………………………………………………….

Avec :…………………………………………………………………………
………………………………………………………………………………………
………………………………………………………………………………………
………………………………………………………………………………………
………………………………………………………………………………………
………………………………………………………………………………………
………………………………………………………………………………………

Musique : ………………………………………………………………….
Dialogues : ………………………………………………………………..
Récompenses : ………………………………………………………….
………………………………………………………………………………………

Histoire : ……………………………………………………………………
………………………………………………………………………………………
………………………………………………………………………………………
………………………………………………………………………………………

Note : ☆ ☆ ☆ ☆ ☆

Synopsis :

....
....
....
....
....
....
....
....
....

Les + : ....
....
....
....
....
....
....
....
....

Les - : ....
....
....
....
....
....
....
....

FILM : ....

Date : …… /……/…….   Nationalité :............................

Sorti le : …../……/…….   Durée : ....

Genre : ....

Réalisateur : ....

Avec :..
....
....
....
....
....
....

Musique : ....
Dialogues : ....
Récompenses : ....
....

Histoire : ....
....
....
....

Note :   ☆   ☆   ☆   ☆   ☆

Synopsis :

....
....
....
....
....
....
....
....
....

Les + : ....
....
....
....
....
....
....
....
....

Les - : ....
....
....
....
....
....
....
....

FILM : ....

Date : ...... /....../........ Nationalité :................................

Sorti le : ....../....../........ Durée : ....

Genre : ....

Réalisateur : ....

Avec :...
....
....
....
....
....
....

Musique : ....
Dialogues : ....
Récompenses : ....
....

Histoire : ....
....
....
....

Note : ☆ ☆ ☆ ☆ ☆

Synopsis :
....
....
....
....
....
....
....
....
....

Les + : ....
....
....
....
....
....
....
....
....

Les - : ....
....
....
....
....
....
....
....

FILM : ....

Date : ...... /....../........ Nationalité :................................

Sorti le : ....../....../....... Durée : ....

Genre : ....

Réalisateur : ....

Avec :..
....
....
....
....
....
....

Musique : ....
Dialogues : ....
Récompenses : ....
....

Histoire : ....
....
....
....

Note : ☆ ☆ ☆ ☆ ☆

Synopsis :
....
....
....
....
....
....
....
....
....

Les + : ....
....
....
....
....
....
....
....
....

Les - : ....
....
....
....
....
....
....
....

FILM : ………………………………………………………………….

Date : …… /……/…….. Nationalité :………………………….

Sorti le : ……/……/……. Durée : ………………………………..

Genre : ……………………………………………………………………

Réalisateur : ……………………………………………………………

Avec :……………………………………………………………………
………………………………………………………………………………
………………………………………………………………………………
………………………………………………………………………………
………………………………………………………………………………
………………………………………………………………………………
………………………………………………………………………………

Musique : ………………………………………………………………
Dialogues : …………………………………………………………….
Récompenses : ………………………………………………………
………………………………………………………………………………

Histoire : ………………………………………………………………
………………………………………………………………………………
………………………………………………………………………………
………………………………………………………………………………

Note : ☆ ☆ ☆ ☆ ☆

Synopsis :
....
....
....
....
....
....
....
....
....

Les + : ....
....
....
....
....
....
....
....
....

Les - : ....
....
....
....
....
....
....
....

FILM : ....

Date : ...... /....../........   Nationalité :.................................

Sorti le : ....../....../.......   Durée : ....

Genre : ....

Réalisateur : ....

Avec :...
....
....
....
....
....
....

Musique : ....
Dialogues : ....
Récompenses : ....
....

Histoire : ....
....
....
....

Note :   ☆   ☆   ☆   ☆   ☆

Synopsis :
....
....
....
....
....
....
....
....
....

Les + : ....
....
....
....
....
....
....
....
....

Les - : ....
....
....
....
....
....
....
....

FILM : ....

Date : ...... /....../........ Nationalité :...............................

Sorti le : ....../....../....... Durée : ....

Genre : ....

Réalisateur : ....

Avec :..
....
....
....
....
....
....

Musique : ....
Dialogues : ....
Récompenses : ....
....

Histoire : ....
....
....
....

Note : ☆ ☆ ☆ ☆ ☆

Synopsis :
....
....
....
....
....
....
....
....
....

Les + : ....
....
....
....
....
....
....
....
....

Les - : ....
....
....
....
....
....
....
....

FILM : ....

Date : …… /……/…….. Nationalité :............................

Sorti le : ……/……/……. Durée : ....

Genre : ....

Réalisateur : ....

Avec :...
....
....
....
....
....
....

Musique : ....
Dialogues : ....
Récompenses : ....
....

Histoire : ....
....
....
....

Note : ☆ ☆ ☆ ☆ ☆

Synopsis :

....
....
....
....
....
....
....
....
....

Les + : ....
....
....
....
....
....
....
....
....

Les - : ....
....
....
....
....
....
....
....

FILM : ....

Date : ...... /....../........ Nationalité :..............................

Sorti le : ....../....../....... Durée : ....

Genre : ....

Réalisateur : ....

Avec :..
....
....
....
....
....
....

Musique : ....
Dialogues : ....
Récompenses : ....
....

Histoire : ....
....
....
....

Note : ☆ ☆ ☆ ☆ ☆

Synopsis :
....
....
....
....
....
....
....
....
....

Les + : ....
....
....
....
....
....
....
....
....

Les - : ....
....
....
....
....
....
....
....

FILM : ....

Date : ...... /....../........   Nationalité :................................

Sorti le : ....../....../.......   Durée : ....

Genre : ....

Réalisateur : ....

Avec :...
....
....
....
....
....
....

Musique : ....
Dialogues : ....
Récompenses : ....
....

Histoire : ....
....
....
....

Note :   ☆   ☆   ☆   ☆   ☆

Synopsis :
....
....
....
....
....
....
....
....
....

Les + : ....
....
....
....
....
....
....
....
....

Les - : ....
....
....
....
....
....
....
....

FILM : ....

Date : …… /……/…….. Nationalité :……………………………..

Sorti le : ……/……/……. Durée : ……………………………….

Genre : ………………………………………………………………………

Réalisateur : ………………………………………………………………

Avec :…………………………………………………………………………
....
....
....
....
....
....

Musique : ………………………………………………………………….
Dialogues : ………………………………………………………………..
Récompenses : ……………………………………………………………
....

Histoire : …………………………………………………………………..
....
....
....

Note : ☆ ☆ ☆ ☆ ☆

Synopsis :
....
....
....
....
....
....
....
....
....

Les + : ....
....
....
....
....
....
....
....
....

Les - : ....
....
....
....
....
....
....
....